Tomorrow from the Stars

Tomorrow from the Stars
by Poet HA TAE KYUN

Published by SINJEONG in Kimhae, Korea
In Aug. 2025

별에서 온 미래

하태균 디카시집

도서출판 신정

작가 노트

내 글을 살해하려고

산으로 갔다

바위는 문장을 배반하지 않는다고

나를 마구 누르고

계곡의 물길이 나를 가로 막았다

한때 허우적거렸지만

돌아오는 길에 글을 부숴버리고 왔다

2025년 8월

하 태균

차례

작가 노트 ······· 2

덕담 ······· 7
오색송편 ······· 8
반향 ······· 10
대설과 역설 ······· 12
복화술 ······· 14
뿔 바위 ······· 16
팬터마임 ······· 18
수장 ······· 20
갈등 ······· 22
귀촌 ······· 24
말미잘 ······· 25
부메랑 ······· 26
화문 ······· 28
영원의 대화 ······· 30
모정 ······· 32
철옹성 ······· 34
포옹 ······· 36
생성형 사랑 ······· 38
선비의 길 ······· 40
거머리 ······· 42

망각의 길 ······ 44
침묵 ······ 46
순교 ······ 48
대왕조개 ······ 50
피타고라스 정리 ······ 51
용오름 ······ 52
도롱농 ······ 54
별거 ······ 56
지옥의 문구멍 ······ 58
팬파이프 ······ 60
부채살 ······ 62
순두부 ······ 64
칼로 바람베기 ······ 66
낙엽의 기원 ······ 67
심장 스템프 ······ 68
인연 ······ 70
재가복지요양원 ······ 72
비밀 ······ 74
자동 세탁기 ······ 76
비무장 지대 ······ 78
일회용 빨대 ······ 79
줄자 ······ 80

분서갱유 — 81
빗발의 기도 — 82
흡연 — 84
입체 건널목 — 86
잡념 — 88
오징어 게임 — 90
선크림 — 92
조장의 조장(鳥葬) — 94
외면 — 96
무등 — 98
조류 — 100
난민 — 102
구미호 — 104
출렁다리 — 106
안전불감증 — 107
유골없는 풍장(風葬) — 108
응시 — 110
열린 음악회 — 111
신호 — 112
졸혼 — 114
아파트, 아파트 — 116
파문 — 118

복지부동	120
돌싱	122
이삿짐	124
날개를 펴다	126
족적	128
똑똑한 무지	130
파수꾼	132
비상착륙	134
매달린 길	136
통풍	138
30	140
별에서 온 미래	142
큰일	144
번아웃	145
술의 배신	146
독도법	148
미명	150

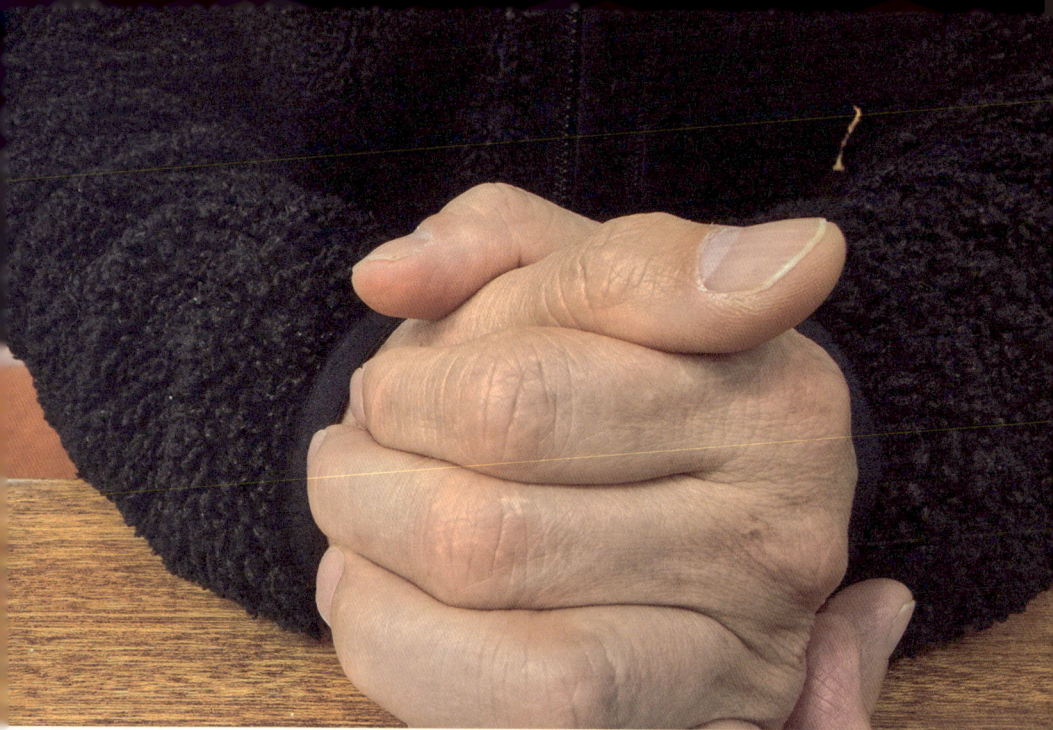

덕담

겹겹이 쌓인
기억의 마디 마디
숱한 나와의 약속
가볍지 않은 추억이 쌓인다

오색송편

꽃비 내리는 오후
차마, 맛에 부딪칠까 두려워
내 마음도 붉어지는
황홀한 오후의 참 맛있는 산책이다

반향

벽을 뚫는 나팔소리
하늘로 솟아오르는 함성에
메아리도 놀랐을까
더위 먹은 고막이 붉어지네

대설과 역설

끝이라 믿는 추위
시작은 이미 그 가운데 있지 않은가
깜박이는 눈과의 이별에도
눈맞춤 하지 못하고
소매깃으로 날려보내는 따가운 시선

복화술

채로 걸러낸 숲의 스팩트럼
코딩된 데이터가 흐르고
시간 코드를 읽어내는
내 마음의 발사체
지금 이동 중이다

뿔 바위

나뭇가지에 걸린 뿔
등목으로 몸통 적셔
바람을 휘어 잡겠지
표정 바뀌지 않는 저 뿔은
화석이 되어 바위를 뚫고 있네

팬터마임

말로 할 수 없는 몸짓
나 따라 해봐
이렇게 팔 뻗으면
온 세상 내 품으로 드는

수장

물결 아래
기억이 가라 앉았다
뿌리는 물 밑에 잠겨야
진실이 분실되지 않는다
숨결 잃은 물결이
문을 두드린다

갈등

숲 안에 든
풍경이 내 것은 아니지
가만히 서서 들여다 보는
풍경이 나를 보네
나는 물속에 든 일 없는데

귀촌

여백에
초록 한 점 찍었다
수많은 가지를 내고도
비워낸 자리마다 외로운 겨울,
한 달 살아보기

말미잘

오래된 화석이 가렵다
수많은 발을 가지고도
저 단단한 터널
빠져나오지 못하다니

부메랑

무덤 속에서도
머리카락은 자란다
시간의 태엽이 풀어 놓은
시시각각의 자손들이
다시 돌아오는 꿈을 꾸네

화문

매운 떡볶이 먹다가
울컥, 꽃물을 내 뱉는다
속을 비우는 것 아니라
질긴 꽃샘추위 달래려
무풍지로 꽃 피우는 중이야

영원의 대화

허공 떠돌다
말라버린 시간
바람이 그리다 만 궤적은
새 순 돋을 때까지
굽은 등 펴지 않는다

모정

천년을 풀지 못하는 해산
젖꼭지만 부르텄다
아래로 향하는 마음으로도
닻 내리지 못하는 모정이다
버텨온 세월 만큼
어떻게든 살아야겠다고

철옹성

숯을 태운 천년 요새
적은 항상 가까이 있어
세월의 성벽 막막하다
구멍 난 갑옷 입고도
무너질 수 없는 기억
남은 生이 어둡지 않네

포옹

갈 때까지 가보자고
팔을 걷어 붙이면
발끝이 저절로 새기는 글귀
아까운 문장일수록
돌돌 말아서 감싸 버리자고
팔이 안으로 굽네

생성형 사랑

나의 끝없는 구애
그럼에도 불구하고
문드러지거나 속태울리 없는
너의 시퍼런 냉담에
뜨거운 사랑이 지나간 흔적
아직 끝나지 않았는데,

선비의 길

비명은 갈라지지 않는다
한 순간 꿰뚫고 곧추선 자리
대쪽같은 대쪽을 벌하라
목이 부러져도 할말은 한다
갈라터지더라도 결코,
굽힐 수 없는 기개가
자존심을 어루만진다

거머리

허벅지에서 흡혈을 한다
지나온 입김 마다
찬서리 맺히고
가난한 생의 흉터
어디든지 붙어 사는
삶에 뿌리 내리면 집이 된다

망각의 길

심연으로 들어가는
물비늘에 잠긴 시간의 조각들
하백의 길이었을까
폐허의 길에는
흐르지 못한 물소리만 들리고
표류하는 기억이 잠겨 있다

침묵

볼 것 못 볼 것 지켜본 자리
젖은 나의 흔적 무거웠나
묵묵히 말하지만
듣는 이 없어
아무 소리 들리지 않는다

순교

사지가 잘린 상흔이라면
백년 수행 끝
주홍빛 선혈 흘러내려도
단두대 위에서는
입 열지 않겠다

대왕조개

한때 바다를 핥았던 입
산이 좋아 나이테 켜켜이 쌓으며
물의 흔적 지운다
들물 몰려드는 시간인가
바람이 물보라 일으키면
나는 입을 벌려보네

피타고라스 정리

투명 속에 담긴 어둠
찬란했던 시간이 떠난 자리
찰랑거리지 않는다
더 이상 계산할 것 없는
잔고, 저장되지 않는다

용오름

용틀림은 굽힌 허리
펴지 않는 것이다

아무리 밟고 다녀도
펴지지 않는 용의 태동

지나간 발자국도 감겨있다
흔들리는 것은 오직 내 마음

도룡농

나뭇꾼 아내는 나무를 꺾어
알집을 짓는다
시원한 바람귀 뚫린
서녘 하늘에 걸친 죽부인을 안고
또 다른 산란을 꿈꾸며
허공에서 새 생명 기다린다

별거

부서질리 없는
우리의 궤적이 부서졌다
더 이상 둥글지 않는
오만과 독선
금이 간 곳은 어차피 깨진다

지옥의 문구멍

침묵이 문설주에 걸렸다
이쪽 저쪽 나누지 않는 저승
태우다 남기고 비운다
들어온 적 없는 바람이
시간의 문설주 더듬는데,

팬파이프

창포에 머리 감은
물소리가 멈춰있다
멀리 날려 보낸 멜로디가
허리 굽히지 않는
골프채로 만든 이퀄라이저
비어있는 내 마음이 날아오르기를……

부채살

가을타는 그림자
바람은 바람을 엮고
빛의 공명 떠나지 않는다
푸념에도 흔들리지 않는 바람은
시원한 그림자를 남긴다

순두부

칼질 잘된 순두부를 먹다가
식은 국물을 건넌다
두부에 고여 있는
무거운 걸음 따라 흐르는
물소리가 입맛을 당긴다

칼로 바람베기

마주보는 눈빛이 좋아
높은 곳에 있어도
다툼은 우울하지 않지
아무 방향으로 그어도
잘려지지 않는 창공

낙엽의 기원

해풍 막으려는 부채질
바람은 파도에 찢겨 나가고
땀띠 벗은 해안선은
시간의 잔해에 묻혀
슬슬 불어도 맞바람 일어나지 않는
낙엽 한 장

심장 스탬프

바다의 숨통은
호흡을 묶어 놓았지만
만화경으로 보이는 세상
숨소리에도 이끼가 자란다

인연

아무리 발버둥쳐봐도
서로 벗어나지 못하는
끈과 줄로 이어져
생각이 모여 사는 가족
물 위에 걸려 있어도 수평이다

재가복지요양원

방에서 늙은 알
부화를 기다리다
포개고 있어서 주름진 날들

비밀

틈 사이로 흘낏,
나를 외면한 나무와
속을 알 수 없는 창문 너머
내 시선 밖의 그늘을 훔친다

자동 세탁기

찌든 거품이 주무르는 무지개
물 위로 물구나무 서있다
손에 닿을 듯 멀어진 것들
거품 속에서
또 다시 나를 만나네

비무장 지대

죽방염 울타리 걸쳐가니
물결에 엮어 지은 멸치집
바람에 걸려 흔들리는 지평선 너머
갈매기만 넘나든다

일회용 빨대

김 서림 끊긴 연기가 차갑다
누군가 뉴가림의 모르스부호
허리 굽힐 길 없고
자존심 높은 불씨 날아들지 않는
도심 속 버려진 빨대이다

줄자

우연과 필연이 헝커러진 징검다리
한 걸음 균형은 기웃뚱거려도
공식 밖의 변수가 발아래 흐른다
마주친다 해도 헤아릴 수 없는
너는,

분서갱유

태운 것을 태우는 것은
더 탈 것이 있다는 것
남아 있는 문자의 슬픔은
태우고도 재가 없다

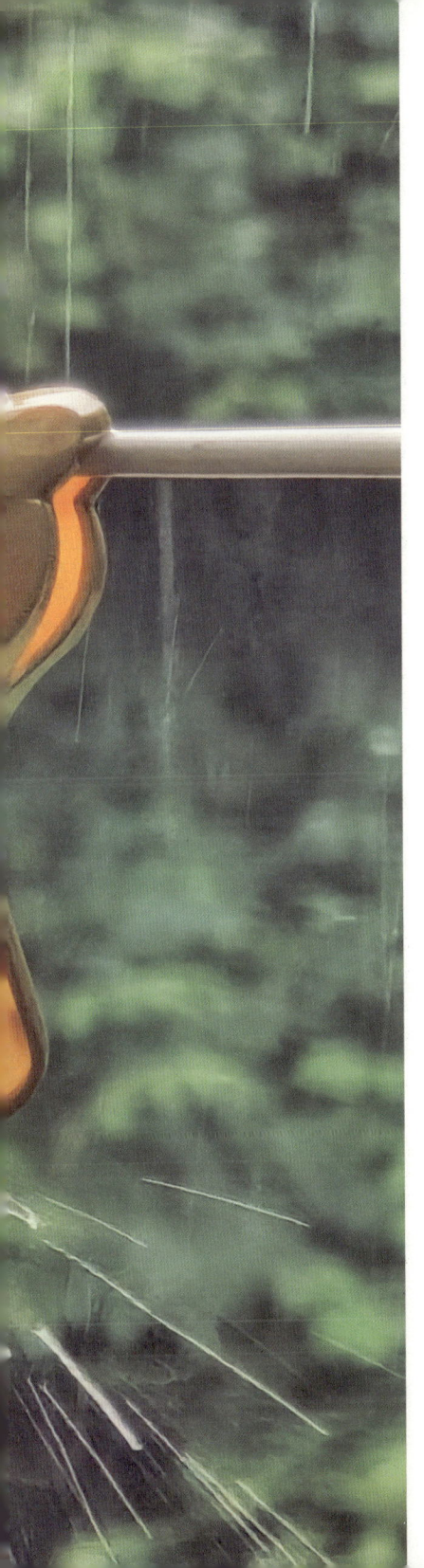

빗발의 기도

비 맞은 발이 빛난다
부딪친 빗방울이
허공을 걷는 동안
양 발을 다시 모은다

흡연

나무가 제 몸을 내어주기 전
햇살이 먼저 온기를 태운다
녹음에 젖은 손길이
장작없이 햇살을 녹이는 동안
끊임없이 타오르는 욕망
모락모락 피어오른다

입체 건널목

징검다리는 위태로운 걸음
미끄러지지 않도록
이동식 건널목에
빗물을 가둬 놓았다

잡념

하늘문 열고 싶을 때
쌓아 올린 생각은 구부러지고
그런 틈새에도
뿌리내리는 허튼 생각

오징어 게임

금 안으로 들어오면
선택 받았다고
금 밖에서 헤매인다
동 심원은 유혹인가 언세나,
투명하게 빛날 뿐인데

선크림

물의 콧등에 남긴 발자국
수 없이 다독이며 밟아도
수면에 고요가 남았다
어디로 가는지 묻지 않겠다
햇살 그을리지 않게 바르는
한 장 물빛이다

조장의 조장(鳥葬)

코앞에 닥쳐야
걱정을 하다가
발아래 죽음인 줄 몰랐네
세상 참,

외면

큰 입은 피하는 게 좋아
아귀다툼은 입으로 하는 게 아니지
늘 바닥을 훑는다지만
등 돌려 봐야
어차피 바닷속이 아니야
가깝고도 먼 눈빛이여

무등

차가운 물 짊어지더라도
따뜻한 너의 등
이 포근한 항해 눈감으면
오래 쓰다듬고 싶은
나의 오랜 안식처

조류

물의 흐름이냐
날갯짓의 파도냐
떠다니다 우뚝 서서
구름 낚는 나는,

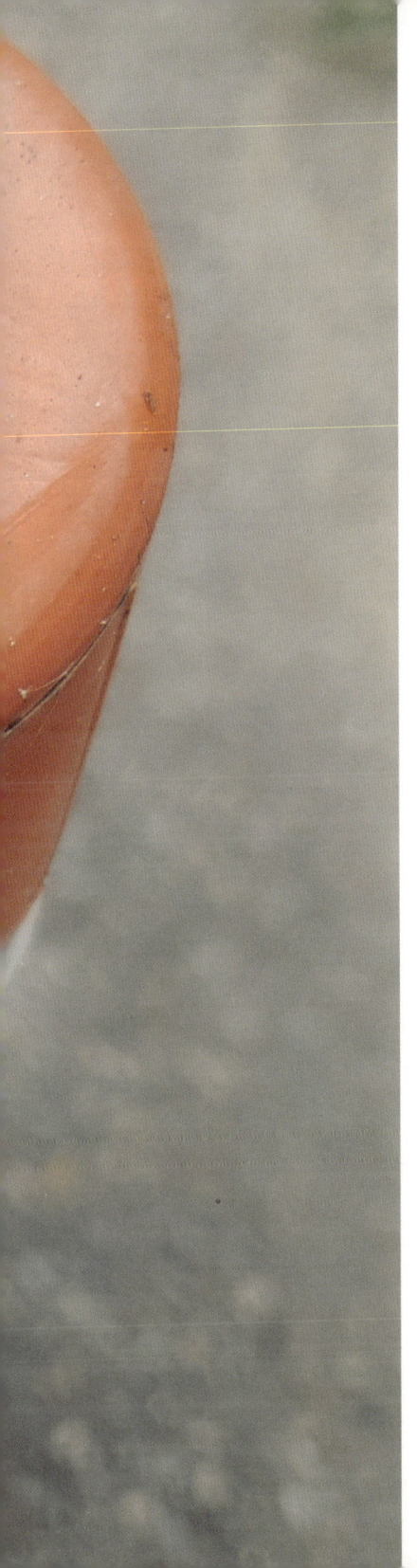

난민

지하수로 통하는 문인 줄 알고
끝까지 올라보니
맛보지 못한 세상의 벽
내려가기엔 너무 높았다

기다리는 물 한 모금

구미호

지치고 허기진 산속 여우
인간을 쫓고 있네
가만히 노려보니
인간들 꼬리가 아홉이네

출렁다리

폭풍우에 부서진 가얏고
줄 놓으면 끝장나는 넉 줄만 남았지
살아있는 낮은음 꽉 붙들고
높은음 물 건너가는 비둘기 떼창
참, 명줄 질긴 소리가 출렁거린다

안전불감증

안전하다고 하여 불안하다
지상은 어느 곳이나 추락하는 함정
큰 소리에 무너질끼
서로가 서로에게 다짐하지만
날개 접을 곳 없는 난간이 붉다

유골없는 풍장(風葬)

허리 접혀진 해풍이
난 척추 없다고
뼈 없는 말 던지네
다 놓아버린 주검도
꼬리 없는 바람만 붙들고 있는

응시

창 밖이 요지경이다
그러고도
죽지 않고 용케 살았다니……

보인다고 보는게 아니고
보이지 않는다고 보지 못 할까

열린 음악회

여기 좀 봐주세요
목소리 가다듬고 전주곡 따라
듣는 척이라도 해봐
합창은 그 누구도
혼자 노래하지 않는거야

신혼

어디서 왔을까 새 이불
내려 앉으면 포근한 솜이불
군불 때지 않아도 날아오른다
걷혀지지 않게 살살 당기면
입안에서 녹아 내리는
달콤한 맛

졸혼

입술로 속삭이는
물과 물을 사이에 두고
갈라서면 남인데 물 깊어
강물에 잠겨있는 이별이다

아파트, 아파트

몬드리안이 그려놓은 집으로 들어간다
독거노인만 수두룩한
아파트 높아 조망권 좋나시만
창문 없는 창가에서
마지막 붓질을 기다리네

파문

물의 포장을 뜯는다
숨결이 멈추는 순간
고요 속에 떨리는
강물의 낮은 숨소리
가라앉을수록 솟구치는 기쁨이다

복지부동

애들아,
열 길 물속은 알아도
인간들 맘은 알 수가 없단다
가만히 엎드려 있어
표본이 될지언정,

돌싱

과거는 화려하지만
이승과 저승의 경계에도
길은 있다
둘만의 은밀한 속삭임
나는 누구의 미래였나
귀농해서 땅을 뒤집어도
다시 돌아가지 못하네

이삿짐

투명한 장막
이삿짐을 뜬다
황홀한 과거가 묻어있는
봉지 속의 봉지 열어보지만
지금쯤 도난당한
도시의 이방인은 어디로 갔을까

날개를 펴다

허공이 덫이다
햇살이 문턱을 넘을 때
그 너머 어둠에 빛이 있다

날아오르면 보이는 언제나
빛은 가까운 곳에 있는데
허공에 펄럭거리는 처마가 날개를 편다

족적

한 생이 기웃거린다
파장 일으키지만
흔적은 사라시는 법
내 안에 들리는 영혼의
진동이 걸음을 옮긴다

똑똑한 무지

큰 눈으로 보는 눈뜬 장님,
내 말 좀 들어라 했잖니
강물이 아무리 두려워도
산에서 살 일이 아니잖니
빨리 등 돌려 봐

파수꾼

넌 낮에도 졸고 있냐,
달빛 저무는데
떠날 듯 머물고 머문 듯 떠나는
허공의 허공에
청사초롱 불이 밝네

비상착륙

물속의 화재경보
꺼지지 않는 긴급 안내문자
'빨리 따라와~'
수면에 남겨 놓으면
뜨서운 마음이 가라앉는다

매달린 길

매달려야 보이는 길이 있다
바람의 주소를 따라
백척간두 허공에서
날다람쥐 다니는 길을 단장한다

통풍

막혀있어도 뚫려있는
내 마음을 쥐었다 폈다 하는 넌,
언제나 나를 따라다니는 바람
참, 시원하다

30

삼십 계단 오르는 동안
삼십 번 생각하고
나이 삼십이 될 때까지
삼십 킬로 짐을 이겨야
느긋해 지는 제한속도
학교 앞 30 킬로미터

Tomorrow from the Stars

Tobyul,
He came from far away
A smile, drifting — unsure to bloom or fade
It is not copied on both sides

별에서 온 미래

또별이는
먼 곳에서 왔다
웃을싸 날까 흘려보는
웃음, 양면 복사 되지 않는다

큰일

앞길 가는데 뒤에 내가 있다니
참, 신기한 세상
창밖에 매달려 있는 내가 나 맞나
내가 왜 거기서 나온 거지
여기 있는 나는 누굴까

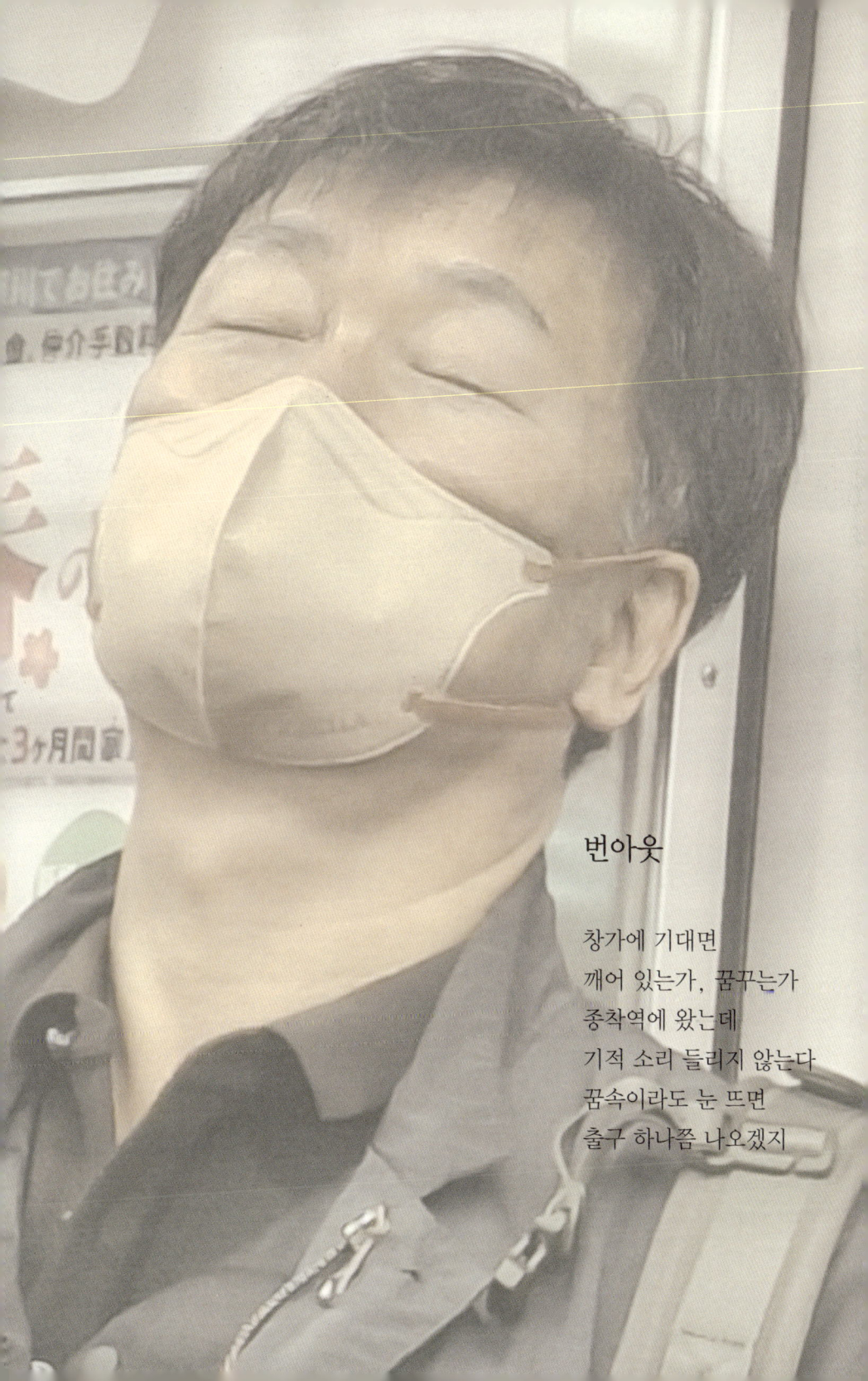

번아웃

창가에 기대면
깨어 있는가, 꿈꾸는가
종착역에 왔는데
기적 소리 들리지 않는다
꿈속이라도 눈 뜨면
출구 하나쯤 나오겠지

술의 배신

골뱅이 무침에 놀라
새끼문어 먹을 뿜었나
정신 차려보니 아직 어둡다
아플 땐 더 눕자
분노 보다 낮게 엎드리면
배신도 행복하다

독도법

울음소리가 닮았다
걸음걸이도 닮았다
똥강아지 둘,
저 움켜진 손가락에
반복되는 표정을 붙잡고
한 생을 기억한다

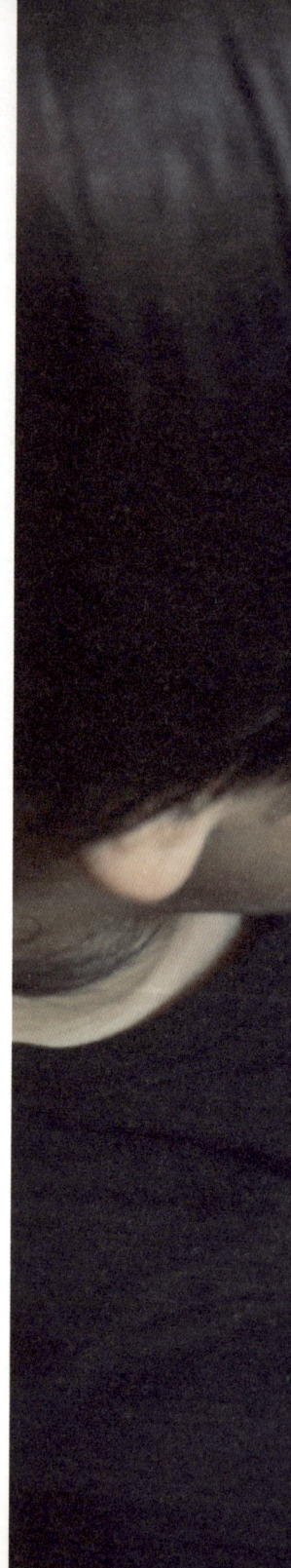

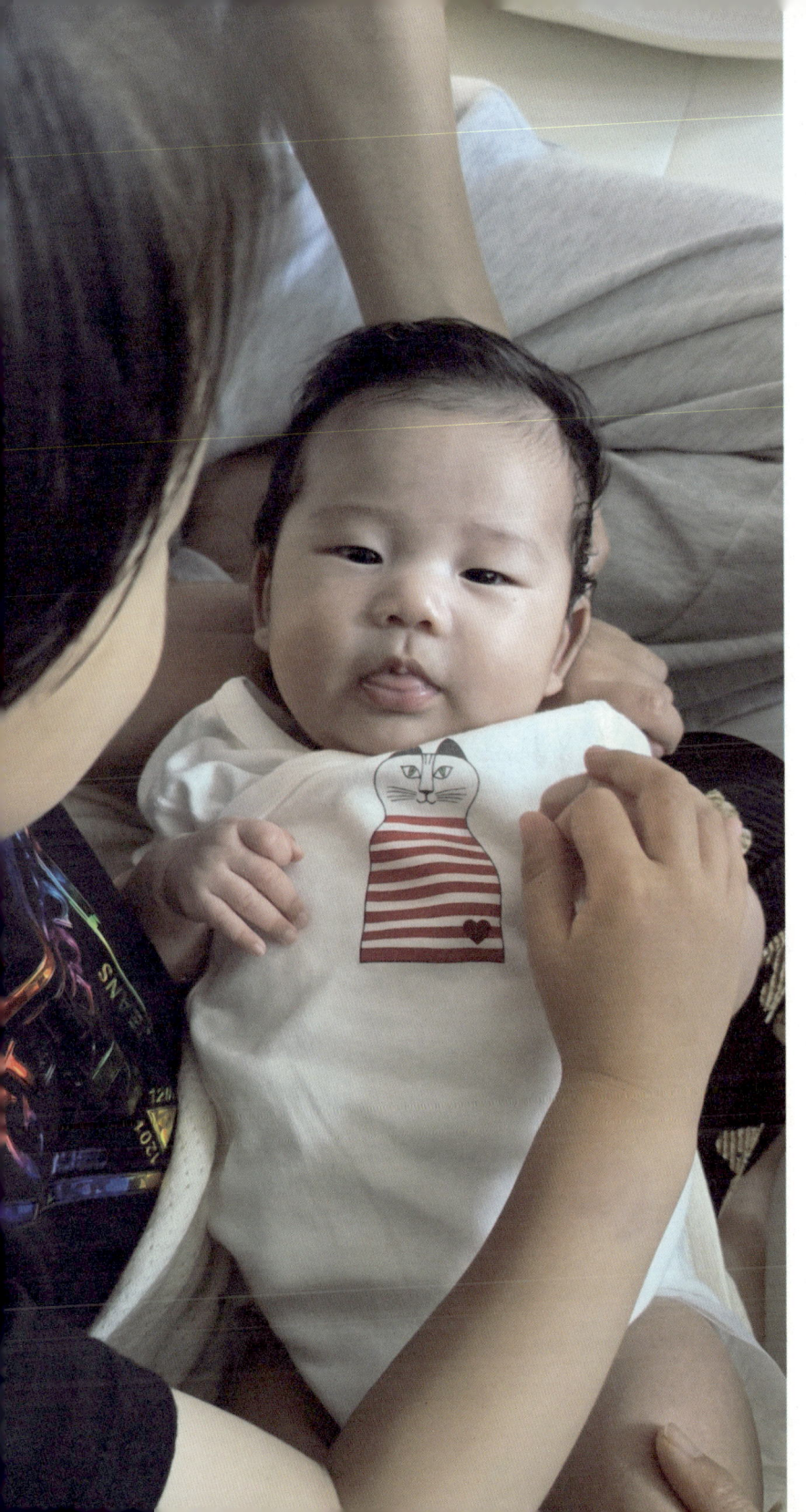

미명

어둠은 구부러진 생각이다
홀로 걸음 옮길 때마다 밝아지는
햇살은 먼지가 끼지 않는다
언제나,

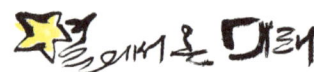

초판 1쇄 발행　2025년 8월 30일

지 은 이　하태균
펴 낸 이　박선해
펴 낸 곳　도서출판 신정

주　소　경상남도 김해시 우암로 8
전　화　010-3976-6785
전자우편　alkong3355@naver.com
출판등록　김해, 사00008. 2020년 9월 22일

ISBN 979-11-92807-34-8 (03810)

값 15,000원

〈본 책자는 경상남도와 경남문화예술진흥원의
문화예술지원 보조사업으로 출간되었습니다〉

* 저자의 의도에 의한 작품의 보조동사와 합성(=합성 명사)에는
　띄어쓰기나 방언에 따라 표현이나 지역어 기타 등이 달라질 수가 있습니다.

* 이 책은 저작권법에 따라 보호받는 저작물이므로 무단전재와 무단복제를 금지하며,
　이 책 내용의 전부 또는 일부 내용을 재사용하려면 사전에 저작권자와 도서출판 신정의
　동의를 받아야 합니다.

* 잘못된 책은 교환해 드립니다.